ЧИ ТА ЕМ ПО СЛО ГАМ

# ПЕРВЫЕ ТЕКСТЫ

МОСКВА
РОСМЭН
2022

* * *

По-шёл ко-тик на тор-жок,
Ку-пил ко-тик пи-ро-жок,

По-шёл ко-тик на у-лоч-ку,
Ку-пил ко-тик бу-лоч-ку.

*О. И. Капица*

* * *

Жи-ли у ба-бу-си
Два ве-сё-лых гу-ся:

О-дин се-рый, дру-гой бе-лый,
Два ве-сё-лых гу-ся.

*П. А. Бессонов*

* * *

Жил-был у ба-буш-ки
Се-рень-кий коз-лик.

Вот как! Вот как!
Се-рень-кий коз-лик!

*К. Д. Ушинский*

* * *

Кот по-ёт, гла-за при-щу-ря,
Маль-чик дрем-лет на ков-ре,
На дво-ре иг-ра-ет бу-ря,
Ве-тер сви-щет на дво-ре.

*А. А. Фет*

* * *

Ти-ше, мы-ши! Ти-ше, мы-ши!
Кот си-дит на на-шей кры-ше.

*Г. Галина*

* * *

У лу-ко-морь-я дуб зе-лё-ный;
Зла-та-я цепь на ду-бе том:

И днём и но-чью кот у-чё-ный
Всё хо-дит по це-пи кру-гом...

*А. С. Пушкин*

* * *

Ве-тер по мо-рю гу-ля-ет
И ко-раб-лик под-го-ня-ет;

Он бе-жит се-бе в вол-нах
На под-ня-тых па-ру-сах...

*А. С. Пушкин*

* * *

Свет наш сол-ныш-ко! Ты хо-дишь
Круг-лый год по не-бу, сво-дишь
Зи-му с тёп-ло-ю вес-ной,
Всех нас ви-дишь под со-бой.

*А. С. Пушкин*

* * *

Ме-сяц, ме-сяц, мой дру-жок,
По-зо-ло-чен-ный ро-жок!

*А. С. Пушкин*

* * *

Ве-тер, ве-тер! Ты мо-гуч,
Ты го-ня-ешь ста-и туч,

Ты вол-ну-ешь си-не мо-ре,
Всю-ду ве-ешь на прос-то-ре...

*А. С. Пушкин*

* * *

Ча-ро-дей-ко-ю Зи-мо-ю
О-кол-до-ван, лес сто-ит...

*Ф. И. Тютчев*

* * *

За-кол-до-ван не-ви-дим-кой,
Дрем-лет лес под сказ-ку сна...

*С. А. Есенин*

* * *

У-ли-цей гу-ля-ет
Де-душ-ка Мо-роз,
И-ней рас-сы-па-ет
По вет-вям бе-рёз...

*С. Д. Дрожжин*

* * *

Здрав-ствуй, гос-тья зи-ма!
Про-сим ми-лос-ти к нам
Пес-ни се-ве-ра петь
По ле-сам и сте-пям...

*И. С. Никитин*

* * *

Вот се-вер, ту-чи на-го-ня-я,
Дох-нул, за-выл — и вот са-ма
И-дёт вол-шеб-ни-ца-зи-ма.

*А. С. Пушкин*

* * *

Не ве-тер бу-шу-ет над бо-ром,
Не с гор по-бе-жа-ли ру-чьи,

Мо-роз-во-е-во-да до-зо-ром
Об-хо-дит вла-день-я сво-и.

*Н. А. Некрасов*

* * *

По-ёт зи-ма — а-у-ка-ет,
Мох-на-тый лес ба-ю-ка-ет…

А пó дво-ру ме-те-ли-ца
Ков-ром шел-кó-вым сте-лет-ся…

*С. А. Есенин*

* * *

Зи-ма не-да-ром злит-ся,
Про-шла е-ё по-ра —
Вес-на в ок-но сту-чит-ся
И го-нит со дво-ра...

*Ф. И. Тютчев*

* * *

Уж та-ет снег,
Бе-гут ру-чьи,
В ок-но по-ве-я-ло вес-но-ю...

*А. Н. Плещеев*

* * *

У-лыб-кой яс-но-ю при-ро-да
Сквозь сон встре-ча-ет
ут-ро го-да...

*А. С. Пушкин*

* * *

Вес-на, вес-на! И всё ей ра-до...

*И. А. Бунин*

* * *

Трав-ка зе-ле-не-ет,
Сол-ныш-ко блес-тит;
Лас-точ-ка с вес-но-ю
В се-ни к нам ле-тит.

*А. Н. Плещеев*

* * *

По-лю-буй-ся: вес-на на-сту-па-ет,
Жу-рав-ли ка-ра-ва-ном ле-тят...

*И. С. Никитин*

* * *

Че-рё-му-ха ду-шис-та-я
С вес-но-ю рас-цве-ла
И вет-ки зо-ло-тис-ты-е,
Что куд-ри, за-ви-ла.

*С. А. Есенин*

* * *

Дрем-лет чут-кий ка-мыш.
Тишь — без-людь-е во-круг...

Птич-ки сол-ныш-ка ждут,
птич-ки пес-ни по-ют…

*И. С. Никитин*

* * *

Ко-ло-коль-чи-ки мо-и,
Цве-ти-ки степ-ны-е!
Что гля-ди-те на ме-ня,
Тём-но-го-лу-бы-е?

*А. К. Толстой*

* * *

Уж не-бо о-сень-ю ды-ша-ло,
Уж ре-же сол-ныш-ко блис-та-ло,
Ко-ро-че ста-но-вил-ся день…

Ло-жил-ся на по-ля ту-ман,
Гу-сей крик-ли-вых ка-ра-ван
Тя-нул-ся к ю-гу...

*А. С. Пушкин*

* * *

О-сень на-сту-пи-ла,
Вы-сох-ли цве-ты,
И гля-дят у-ны-ло
Го-лы-е кус-ты.

*А. Н. Плещеев*

* * *

Скуч-на-я кар-ти-на!
Ту-чи без кон-ца,
Дож-дик так и льёт-ся,
Лу-жи у крыль-ца...

*А. Н. Плещеев*

УДК 821.161.1-1-93
ББК 84(2Рос=Рус)6
П261

Литературно-художественное издание
ДЛЯ ДОШКОЛЬНОГО ВОЗРАСТА
Серия «Читаем по слогам»

**ПЕРВЫЕ ТЕКСТЫ**

Художники: Е. Алмазова, В. Шваров, Е. Володькина, В. Коркин, А. Лебедев

Дизайн обложки А. А. Екимовой
Ответственный редактор А. А. Миронова
Художественный редактор М. В. Панкова
Технический редактор А. Т. Добрынина
Корректор И. С. Тимофеева
Верстка В. В. Никитина

Подписано в печать 15.06.22. Формат 75 × 90 1/16. Бумага офсетная.
Печать офсетная. Усл. печ. л. 3,75. ID 39649. Тираж 6000 экз. Заказ № 2205420.

ООО «РОСМЭН».
Почтовый адрес: 127521, г. Москва, ул. Шереметьевская, д. 47.
Тел.: (495) 933-71-30.
Юридический адрес: 117465, г. Москва, ул. Генерала Тюленева, д. 29, корп. 1,
1-й эт., пом. II, комн. 1, 2, 3.

www.rosman.ru

ОТДЕЛ ПРОДАЖ:
(495) 933-70-73; 933-71-30;
(495) 933-70-75 (факс).

0+
Знак информационной продукции согласно Федеральному закону от 29.12.2010 г. № 436-ФЗ

Дата изготовления: июль 2022 г.
Отпечатано в России.

ЕАС

Әдеби-көркем басылым
Мектепке дейінгі жастағы балаларға арналған
Өндірілген күні: шілде 2022
Ресейде басылған.
Өндіруші: «РОСМЭН» ЖШҚ. Заңды мекен-жайы: Ресей, 117465, Мәскеу қ.,
Генерал Тюленев к., 29-үй, 1-корп., 1-қаб., II-жай, 1, 2, 3-бөл.
Нақты мекен-жайы / пошталық мекен-жайы: Ресей, 127521, Мәскеу қ., Шереметьевская к., 47-үй.
Телефон: +7 (495) 933-71-30.
Наразылықтарды қабылдауға уәкілетті тұлға: «РОСМЭН» ЖШҚ.
www.rosman.ru
Тауар КО ТР 007/2011 сәйкес сертификатталған

arvato BERTELSMANN Supply Chain Solutions
Отпечатано в полном соответствии с качеством
предоставленного электронного оригинал-макета
в ООО «Ярославский полиграфический комбинат»
150049, Россия, Ярославль, ул. Свободы, 97

П261 **Первые тексты** / И. А. Бунин, С. А. Есенин, А. С. Пушкин и др. ; худож. Е. Володькина, В. Коркин, А. Лебедев и др. — М. : РОСМЭН, 2022. — 48 с. : ил. — (Читаем по слогам).

Серия «Читаем по слогам» разработана специально для малышей, которые только учатся читать. Благодаря этой книге ребенок не только усовершенствует навыки чтения, но и впервые самостоятельно прочитает строки А. С. Пушкина, А. А. Фета, С. А. Есенина и других русских классиков, а значит, его знакомство с книгой начнется с важных и значимых для культуры текстов.

ISBN 978-5-353-10092-8

УДК 821.161.1-1-93
ББК 84(2Рос=Рус)6